AF607124
AVERSO

EL DOLOR O TU NOMBRE

Manuel Pérez Martín

Número 36 de la Colección **PERVERSA**

El dolor o tu nombre

Edición al cuidado de Averso Poesía
www.aversopoesia.com

hola@aversopoesia.com

Primera edición: septiembre de 2024
ISBN: 978-84-10027-42-8
Depósito Legal: GR 1253-2024

Impreso en España - *Printed in Spain*

El papel utilizado para la impresión de este libro está calificado como papel ecológico y procede de bosques gestionados de manera sostenible.

EL DOLOR O TU NOMBRE

Manuel Pérez Martín

Mi lengua va por do el dolor la guía.

GARCILASO DE LA VEGA

Ruido

Todo hace ruido.

El neón de la farmacia de guardia.
Los goznes oxidados de las alas
de un pájaro.
El caucho apresurado
en el entumecido asfalto.

Hay ruido en todo.

En los engranajes de mi digestión,
en el cansancio de mis articulaciones,
en el cansancio de mi cansancio.

Todo sigue haciendo ruido.

El lado cóncavo de la cuchara
en la sopa o el convexo,
nunca los he distinguido.
El perfil de los espejos.
El sudor y la garganta.

Y tu ausencia.

Tu ausencia es una alarma
antincendios
en un laberinto
sin salida.

Seres

He aquí la vida y la muerte.
La soledad y el olvido.
La furia y la ceguera.
El pantano. La soga.

El ángel caído y la guillotina.
El umbral enemigo y la cueva.
El silencio y el túnel.
La pluma. El hierro.

La aridez con la que nos
amamos cada noche
como dos seres
de madera articulados.

Lejos

Últimamente me provoca todo
mucha pena.
Una piedra ahogada
en un charco.
Una hoja pisada
en la acera.
Un rayo de sol
en una fuente quieto.

Esta noche me aflige
el brillo del televisor
en el salón a oscuras.
El balcón abierto a un
instante impreciso y gris.
El lascivo vaivén de las
cortinas imitando tu pereza.

Mañana me apenará
el vacío de los cajones.
El zapatero de la entrada
con demasiados huecos.
El perchero aburrido
del mismo abrigo.

Toda la tristeza viene
de lejos,
de columnas llevadas
por la riada,
de insectos circulares

atosigando la culpa,
del abrazo que no nos
dimos en la despedida.

Platos rotos

Han descendido las hogueras
hasta la comisura
donde se guardan los ruegos,

han quemado el lamento
que ya no cree en dictados
ni en mansas oraciones,

han incendiado todo,
toda imagen, todo sonido
y todo eco.

Solo el humo será
reflejo de la imagen
del blanquecino rayo

que dio luz a tu rostro.
Solo nos quedará,
manchando el juicio,

el miedo y la ceniza
sobre los platos rotos
de la última cena.

Contemplación

Miro tu fotografía.

Tu media sonrisa
sincera y burlona.

Tu inconformista melena
en un encuadre perfecto.

Tu mirada callada
diciéndome todo.

Tu alma de océano
inmensa y sin amo.

Te miro.

Y quisiera que nos
arropara el mismo cielo.

Lo dudo

Ella es
el primer café de la mañana,
el vértigo de la noria,
la embriaguez de una falda al viento.

Ella, lo sabe
su cintura derritiendo la nieve,
es la nostalgia de la hiedra,
el rapto de la marea alta,
el giro inesperado de la hélice.

Ella,
en la transparencia salvaje
del amanecer, es
un clamor llamándome desde
las entrañas del huracán,
un desfiladero, un precipicio,
un remolino en mi lengua,
un sueño.

Ella,
el final alegre de un bolero...,
pero ¿acaso hay algún bolero
con final feliz?

La condena del cosmonauta

Tu mirada,
la distancia cósmica entre
la luna y el paño negro
que la envuelve,
la urdimbre de años luz
entre una estrella y otra,
la línea despoblada
que espera el paso
de un cometa.

Tus ojos infinitos
por lejanos,
planetas
desobedeciendo
la tiranía del sol,
satélites burlándose
del tiempo y del espacio.

¿Sabes que bizqueas cuando ríes?

Mientras tanto yo,
con la dignidad herida
de un Plutón expulsado
de los libros de texto,
con el abandono de un
cosmonauta condenado
a la nada,
gravito en el enigma
de tu iris a medianoche.

El océano y la memoria

Toda la noche abrazado
a ti, pero sin tocarte.

Tu pelo, olor de naranjas
escondidas, es un valle
sin tiempo, un océano
oscuro desde un acantilado.

Tu espalda, perfil de un
continente no descubierto,
será el único lenguaje
que me quede.

Dejé mis huellas en tu piel
y ahora mis manos son ciegas.

El músculo de la estoicidad

Nada se mueve.
Ni siquiera dentro de mí,
pero no me asusta.

No me molesto
en abrir los ojos.
Sueño que respiro, a veces
que me ahogo.

¿Cuándo abrí la boca por última vez?
Hace días, para comer algo.

¡Quita los pies de la mesa!
Lo siento, cariño, soy estoico.
Tú lo que eres es gilipollas.

Y tras la maleta con todas
tus cosas un portazo.

Demasiado tiempo entre un latido y otro.

Ese músculo se ha roto,
el que sufría inventándose
los motivos,
el que cantaba sin letra,
el que gritaba por ignorancia,
el que se ha callado
por no darle cuerda.

Tú lo que eres...
Y tenías razón.

Exilio

Me he exiliado al pasillo.

Mi patria es un pijama
con manchas de café
y unos calcetines
con el talón desgastado.
Respiro la moribunda
amplitud de una casa
vacía,
acaricio la áspera
piel de una despedida
en cada rincón.
He memorizado todas
las heridas de las paredes,
todas las culpas que cuelgan
del techo igual que murciélagos.

En el salón la huella
de tus labios permanece
en el borde de una copa bebiendo
la última gota,
pronunciando la última
palabra.
A su lado un libro que no
terminaremos ninguno
de los dos.

Por la ventana entra
un cuchillo de claridad

partiendo en dos la unidad
inmutable de un hogar
hecho de horas extras
y vacaciones muy cortas.

En la cocina
una magdalena mordisqueada.
Molde perfecto
de tu sonrisa una mañana
cualquiera.

En la última habitación,
la que más duele,
tu noche y la mía,
sin abrazos,
sin confidencias,
se ahogan en la agotada
humedad del último
intento por encontrarnos.
El infinito
se ha quedado dormido
debajo de la cama.

Viaje de vuelta

Es demasiado breve
el paisaje desde la carretera.
Ya no me demoro en los tallos
repetidos de los arcenes
ni en las señales multiplicadas
de una vía de servicio.
Toda canción es una línea recta
de poste a poste
que electrifica a los pájaros.

El verano es una promesa
incumplida de arena,
una persiana bajada para
sentirte desnuda,
una fotografía de tu espalda
tomada desde el otro lado de
la felicidad.

Heridas

La penumbra se cubre
de piedra en pasillos agotados.

Es la hora de los insectos,
de los latidos a oscuras,
de los labios entrecerrados
respirando ortigas.

Mi garganta es una herida de agua manchada de huesos.

Mis extremidades un remanso afligido anhelando tu cuerpo.

Duermo pegado a la pared
ahogándome en el vapor
de un tren de ganado mientras
un reloj moribundo
me condena al comienzo
de un nuevo día.

He cerrado los ojos para tenerte cerca.

He venido a delatarme

He venido a delatarme,
a confesarte mi vacío.

He venido a olvidarme,
a derretirme,
a tenerte lejos.

He venido a rechazarme
en tus brazos cruzados,
a sosegar mis dedos
en el lomo de tus libros.
Hay uno mío, por cierto.

He venido a tiritar
en los pliegues de tus cortinas,
a temblar en el rubor
de mis palabras diciéndote
que he venido a delatarme.

Aquella tarde

Tus manos.
Una partitura serena
ordenando los libros,
alisando tu vestido,
apartando el vaho del espejo.

Tus manos.
Sí, tus manos.
Una caricia ya ausente
arrebatándome
el descanso de los párpados,
llevándose
de mis juramentos
el último golpe de sangre;
hurtando con ese gesto
tan suyo el poco aire
que me queda explicándome
algo que no entenderé.

Y aquella tarde,
aquella tarde templada,
evitando las mías
para decirme adiós.

El aperitivo

Un estallido de metal
al mediodía.
Con la última cerveza
tuteo a las nubes,
a los gorriones,
a la presidenta de mi comunidad.

Sobre una plaza sin árboles
la iglesia proyecta una sombra fría
de altar fingido,
de capilla saqueada.

Un frenazo
interrumpe mi soliloquio.
Un niño corriendo detrás de una pelota.

¿Qué te estaba contando?
Ah, sí, lo de siempre.
Lo de la última vez.
Lo del último minuto.

Otro frenazo.

Esta vez
tus ojos parando en seco
mi atrevimiento.

No sabíamos perder

No fue un juego perverso.
Fue un juego inocente,
inconstante,
casi alegre, de final
ineludible,
como el de esas piedras
que de niños lanzábamos
al agua y tras muchos saltos
terminaban hundiéndose.

Morir de frío

No contaría nada nuevo si hablara
del frío:
la escarcha martirizando la hierba,
la luna del coche invadida por el hielo,
las manos en los bolsillos huyendo del viento...

Incluso se puede tener mucho frío
en un sofá, muy juntos,
tu costado desapareciendo en mi costado,
o al revés,
mientras vemos un documental
sobre el desierto con una *mousse* de chocolate que,
sin saber por qué, tiene el sabor amargo
de los postres no compartidos.

Ayer me dormí con un temblor de nieve
en el paladar y he soñado que moría
practicando salto de esquí.

La geometría de tu ausencia

Ha huido la simetría por un cilindro.

El edificio de enfrente
es una invariable
cuadrícula de contornos
perpendiculares.

Mi ventana un cuadrilátero
insomne.

Escribo en una mesa circular.
Circular es la copa en la que bebo.

El gato duerme formando
un dodecaedro inverosímil.

Varias esferas
de ginebra después
la pared deriva
en un trapecio
isósceles.

Tu recuerdo,
desde una perspectiva
asimétrica y mixtilínea,
es un hexágono excéntrico
de perímetro absoluto.

Invierno enamorado

Enamorarse en verano
es muy fácil.

El sol, la playa, la cerveza
y ese bikini tuyo.

Enamorarse en verano
no tiene mérito,
lo difícil es enamorarse
en invierno:
el aire colándose
por las ventanas,
a las seis de la tarde
ya es de noche
y los domingos en chándal
atiborrándote de patatas fritas.

En invierno solo se enamoran
los pensionistas,
los amantes de los gatos,
las dependientas de mercería
y mi vecina Marisol
que colecciona azucarillos
de cafeterías que empiezan por M.
Manila, Mogambo, Machín.

Es doloroso enamorarse
en invierno
cuando apenas guardas
el equilibrio sobre la superficie
aterida de las horas.

El corazón es el mismo

Con cada luna las mismas
dudas,
los mismos
temores anunciando
noches repetidas.

Espero las mismas caricias,
las que se esconden
en un dobladillo de la memoria,
las que me amaron,
las que me tuvieron.

Miro mis dedos,
los mismos que te señalaban
una fecha especial en el calendario,
los que medían mares
y distancias en tus senos,
los que temblaban al escribirte.

Mi corazón es el mismo,
pero tiene otro latido.

El mismo,
también,
mi amor, pero con otras
palabras.

La eternidad

La eternidad es
una gota de lluvia
que nunca llega al suelo,
una flor guardada
en un libro,
un beso perdido
en el aire.

La eternidad es
la sombra
de un árbol haciendo
el mismo giro,
un turno de noche sin
café,
un teléfono callado.

La eternidad es que no
te vuelvas a mirarme
cada vez que me das
la espalda.

Acotación

El viento ha estado
castigando las ventanas
toda la noche.

Ha vapuleado las paredes,
ha fundido las bombillas,
ha arrancado los cimientos
de mi cama.

Ráfagas de noventa
kilómetros por hora
han traído tu imagen
despeinada,
tu dislocada sonrisa.

(Pausa dramática).

He amanecido
en el sofá tiritando
de amargura.

En llamas

Quema el claroscuro.
Quema la angustia infinita
de un azul inalcanzable.

Arde mi ansia buscando
tu pubis bajo un dosel
en llamas.

Crepita el trayecto entre
lo vivido y lo soñado.
Tu piel a un centímetro
de mi anhelo.

Incendio.

Brasa el silencio siempre tuyo.
Ceniza la espera siempre mía.

Calcinado todo
todo se volverá
apatía y barro
como el fluir herido
de un río que se muere.

Latitudes

De ida todas
mis horas.
De vuelta apenas
unos minutos.

Sigo deshaciendo
por la noche
los versos
tejidos
durante el día.

Escribo
lo que la distancia me
dicta y me duelen todos
los relojes de arena
que nos separan.

El abismo

Me alojo en un abismo de abandono
donde se ahoga la palabra;

donde los oídos se vuelven turbios
y tu carne no puede
salvarme;

donde los tejados no están
preparados para el vapor del
desencuentro;

donde me enseñó a hablar
el agua,
muy despacio,
equivocándose
en los reflejos.

Quisiera tenerte a mi
lado y decirte:
que esa pared me odia,
que hay antenas en las grietas
vigilándome,
que me aturde el musitar
constante de algo
que se pudre.

Que el invierno se va,
pero
el abismo permanece.

Ángeles desnudos

La noche se desnudó
para nosotros y solo
supimos vestirla
de harapos.

Desafinaban las alas
de los ángeles en el
precipicio de nuestra
sed.

El silencio nadaba en
círculos alrededor de
nuestros ojos abiertos.

En el respaldo de una
silla tu ropa y la mía
son dos desconocidas.

Sobre la almohada,
remota y exhausta,
una mirada rota.

En tus manos la noche

Traes en tus labios la sombra aterida
de la palabra nunca pronunciada,
flor hecha en hielo y monte, olvidada,
negra en la letra, roja en la herida.

Traes en tus manos de olvido teñida
una caricia oculta, desmayada,
a veces fría, pero siempre ansiada
como gotas de luz, de calma y vida.

Ahora que de mis noches eres dueña
y me duelen las horas como espinas
y con el viento me quedo dormido

sé que tu corazón ya no me sueña,
que no nombra mi triste pecho en ruinas
pues solo soy lo que por ti he sido.

El dolor

Esfuerzo pretérito.
Cobardía estancada.
Desterrado de ti ya no
tengo norte que me guíe.

Me asfixia, tensada
hasta el rojo, la cuerda
horizontal del atardecer.

Me sumerjo,
buzo insolente,
en un mar sin memoria,
olvidada corriente
de lo que fuimos,
reflejo de escamas sin
peces flotando
en el ayer.

***

I

Me quedaría a vivir
en un abrazo tuyo
para que ningún invierno
volviera a lastimarme.

II

Me has acariciado
como acaricia la
primavera los glaciares.

III

Vuelvo a tu sonrisa
para no quedarme en blanco
contemplando las esquinas
de mi casa.

IV

Que mañana mi nombre
sea tu primera palabra.
Que esta noche la palabra
sea innecesaria.

V

¿Por qué esos girasoles,
anclados en la brecha
vertical del mediodía,
solo te miran a ti?

VI

No te he olvidado,
aún tengo cicatrices
de tinta en las manos.

VII

No es que te mire,
es que te memorizo.

VIII

Téjeme en tus sueños
hasta que despiertes
en otros ojos.

IX

Solo tu piel
calma mi sangre.

X

Apenas he dormido,
has estado latiendo
en mis ojos toda la
noche.

XI

Cuando te olvide...
pero
¿a quién escribiré yo
cuando te olvide?

XII

Te sueño
y al despertar sé
que siempre sueño.

XIII

En tu ciudad
amanece exactamente
a las 8:05 de la mañana.
Aquí no amanece nunca.

XIV

Cuando se ha muerto
de amor tantas veces
la resurrección es un castigo.

XV

A todas horas tu nombre:
las de luz
y las que no duermo.

XVI

Ahí está el mar,
recordándome en cada
ola la medida
infinita de nuestra soledad.

XVII

Solo estoy a salvo
en el otoño y
en tus pisadas.

XVIII

Un instante en tu luz,
una eternidad sin nubes.

XIX

Tanta agua en el corazón.
Latido anfibio.

XX

No guardé ninguna
caricia tuya y ahora
la piel me duele.

XXI

Te condené a una
pausa demasiado larga.
Mi apatía fue la
respuesta a tu necesidad.

XXII

Ya no puedo rellenar
los huecos que quedan de los
árboles que plantamos.

XXIII

Eres luz inesperada,
eres sombra en la partida.

XXIV

Una silla vacía
está llena de esperas.

XXV

Hoy te escribo
el último poema.
Otra vez.

TU NOMBRE

Ya ves qué tontería,
me gusta escribir tu nombre.

GLORIA FUERTES

Poeta de guardia

Quiero ser tu poeta de guardia
en tus horas
y en mis días,
en tus noches
y en mis miedos.

Ser tu poeta de guardia
en tus dudas
y en tus sentidos.

Poeta de guardia
en tu cuello,
en tu pelo,
en tus abrazos,
en tu reposo.

De guardia,
de guardia siempre,
siempre,
en tu cuerpo.

Ardor

El del guerrero
y el de estómago.

El de la nebulosa
en la pupila del astrónomo
al ser descubierta.

El del pinar extinguiéndose
con el criminal incendio,
el del horno de leña
antes del festín.

El del brasero en invierno,
el de la vela
en el apagón,
el del café con leche
en los bares,
el de la arena en agosto.

El de la lava
y el meteorito,
el de la bombilla
y el cometa.

El de la herida sanando,
el abrazo en silencio
o el beso a escondidas.

El del cigarrillo entre mis
dedos esperando tu
llegada.

Un regalo

Si estuvieras aquí
te regalaría
el incendiado contraluz
de las montañas
en el ocaso.

Para ti sería
el humilde vaivén de la rama
antes del vendaval,
el obediente tiritar
del gorrión empapado
de lluvia.

Te obsequiaría
con un lánguido verano
a la sombra de una amapola,
con una febril primavera
de arroyos y verdes.

Te daría
el delicado suspiro
del aire besando la tierra,
el frágil pedazo
de mundo que abriga una semilla.

Mas
no estás aquí, ni
cerca siquiera,
y solo puedo ofrendar

al altar de tus ojos
el sacrificio hereje
de mis animales palabras.

Primer día de verano

Un baile de sábanas
cautivadas por el sol.

Ninfas cien por cien algodón
traspasadas por la lujuria
de los dioses.

Un camisón que quiere
ser aire me recuerda
tu silueta al borde
de aquella piscina municipal
tiritando, esperando
ser abrazada con una toalla.

Azul sin cielo

Todos mis recuerdos son
azules.

Azules
los ojos de un puente
guardando las aguas,
azules
las piedras cretácicas
que alguna vez fueron peces.

Azul
el calor de las sábanas
cuando despiertas,
el tintineo jovial
de nuestros desayunos.

Azul
el azul invisible
de nuestros silencios.

Azules
son las nubes en tus ojos,
los árboles dándote
sombra,
la claridad que siempre
te rodea.

Azul era,
incluso, aquella ventana
mirando a un patio sin cielo
donde tendía tu ropa
interior.

Principium

Ausentarme quiero.

Volver a la parcela abandonada
que no me atreví a sembrar.

Rehuir las lágrimas,
los colmillos por nacer.

Repudiar esta sombra
que me atosiga y que es la mía.

Buscar otra más amable,
menos torpe, más confiada.

Sentir el silbido
de un soplo de aire sublevando
tu pelo.

Cuesta ser feliz

Has inundado mi casa
de algo desconocido,
una atmósfera inagotable,
un vendaval de alas,
un tumulto de pañuelos
atreviendo el silencio.

Has llenado mi despensa
de pan alegre
y adjetivos nuevos.

Has venido de algún
cielo exento de templos
con tu vestido de álamos
verdes y tu sombrero
de prodigios amables
a redimirme de tantas
noches sin pausas.

Por ti no quiero cantar
piedras
sino nubes,
enumerar
soles y no lunas.

Por ti quiero caminar
descalzo sobre la hierba
de una mañana
reverdecida y tranquila.

Clase de coreano

En un sofá de rebajas,
paisaje desordenado
de mantas y cojines,
sosiego mi cabeza sobre
tu regazo,
titubeando en tu respiración,
abajo y arriba,
abajo y arriba,
tan profunda como los secretos
que me revelas.

Escucho tus latidos,
¿algo acelerados?,
diapasón sanguíneo al ritmo
de un drama coreano
en *streaming*.
También tus jugos gástricos
disolviendo una *pizza*
familiar para dos y el vino
regalo de la empresa.

Hoy solo creo en el sofá,
en tu digestión y en Corea;
mañana, ojalá, en tu piel
susurrando a la mía.

Tragicomedia

No soy creyente, pero rezo.

Rezo con el miedo del paciente
contemplando su radiografía,
con el pavor del padre enseñando
a su hijo a montar en bici.

Rezo antes de mirar el teléfono
rogando un mensaje tuyo.

Rezo cuando te propongo
un plan en mi día libre.

Imploro con mi silencio
si tu cita no soy yo.

No creo en nada,
ni en la literatura
ni en la lluvia,
ni en los globos aerostáticos
ni en el bricolaje.

En nada creo,
ni en mí siquiera.

Melibeo soy.

Las sábanas de Taylor Swift

Mi vecina es clavadita a Taylor Swift
sobre todo cuando sonríe.
No sé si es por eso que la amo.

A mí la cantante de West Reading,
Pensilvania, me da un poco igual,
pero da *glamour* a mis ensoñaciones.

Hoy Taylor Swift ha tendido la ropa,
unas sábanas de franela color
azul cielo, cálidas y suaves
como el lomo de un gato.
Un aroma a lavanda ha invadido
mi salón, también sé cuándo fríe
filetes rusos.

En el momento que vaya a recoger
la ropa saldré al balcón y le diré
que me gustó mucho su último disco
y ella reirá, siempre ríe, y la amaré
más que nunca, de la misma
y definitiva manera que
las sábanas aman
el primer sol de la primavera.

Juntos

Fue una tarde mágica.
¿Recuerdas la canción
de Paloma San Basilio?
Pues, mejor.

No teníamos más patria
que el asfalto a la deriva.
Nuestras palabras iban
de la mano en un diálogo perfecto,
y sin ensayar.

Las copas en aquel bar cochambroso
nos encumbraron en el paraíso.
Secuestramos al perro de Pavlov,
le robamos el abrigo al Principito,
consolamos al coronel que nadie
escribía,
nos reímos de los huesos del Caudillo
y naufragamos uno en los ojos del otro.

(Creo que en algún momento de la noche
estuve a punto de decirte que te amaba).

Lo de unir nuestros cuerpos
dinamitando el universo lo dejamos
para otro día, mejor no estropearlo.

Terminamos en tu casa atragantándonos
con la magdalena de Proust
o de Mercadona, no lo recuerdo.

Te escribo esto en el reverso
de una factura de Iberdrola.
Cuando me corten la luz me guiaré
por el recuerdo de tu mano
despidiéndome desde la ventana
aquel amanecer.

El centro de mi corazón

La quiero.
Y lo más gracioso,
maldita la gracia,
es que ella lo sabe.

Debo de resultarle
entrañablemente infantil,
su juguete poético,
el bálsamo de su autoestima.

La quiero
y es el centro de mi corazón.
(Perdón, esto es de José Luis Perales).

La quiero.
Seguro que lo sabe,
y en mi lápida pondrá:
«Murió de vergüenza al decírselo»
o «Murió como vivió, calladito».

La quiero
y la seguiré queriendo,
aunque ame a otro
siete veces más fuerte que yo
y veloz y que siempre
está de buen humor,
el hijo de puta.

Todos los labios

Todos los labios
en un beso,
los que acaricié a oscuras,
los que mordí y los que
me hirieron.

Los que escribían con saliva
en mi espalda,
los que me dejaron su marca
en el cuello.

Los que imploré y no me
dijeron una palabra,
los que me dijeron tanto
que me enmudecieron.

Los que se escondían cuando
se equivocaban,
los que soplaban el café,
los que se mordían con
rabia,
con dudas
o con deseo.

Los que dejaron su carmín
en una servilleta
y todas las sílabas
en mi cuaderno.

Tiempo

I

Quince minutos mirando
al techo. Quizá veinte.
Treinta.
Quizá.

Pensando en nada. En todo.
Nada otra vez.
Qué difícil el todo.
Imposible la nada.

Contemplar un relámpago
de ruina en el yeso y el
ventilador llevándose
lejos mi aliento. Lejos.
Ahí al lado.

Quince minutos.
Más.
Siempre más.

Tu boca llenando de
espirales mi orilla,
de erizos,
de velas.

Todo tu mar en un latido.

Inmensidad de caracolas
y redes.
Cuánta delicadeza.

II

Me podría enamorar de ti cada
cinco minutos:
la sísmica sacudida de tus ojos a lo lejos.

Cinco minutos más:
la acogedora fuerza de tu sonrisa
saludándome muy cerca.

Otros cinco minutos:
tu lengua regodeándose en las líneas
de una anécdota ya contada.

Otros cinco minutos más:
me has rozado la mano para
regalarme una confidencia.

Ha pasado un cuarto de hora:
si en veinte minutos no te digo
que te amo...

Hace cinco minutos que te has ido:
... romperé todos los relojes de mi casa.

El inútil empeño de los diccionarios

Palabras con las esquinas
dobladas lanzadas
al azar de un golpe de aire,
de remo
o de suerte.

Sinónimos agonizando en un diccionario.

No existe el término
que te defina
o lo desconozco
o no lo quiero encontrar
para así no dejar
de escribirte cada día
con esa codicia desoladora
de retratar la solitaria
serenidad de tus manos
pasando las páginas
de un libro.

Dieciséis maneras de pernoctar

Las noches son para amar,
para sentirse triste o
no dormir de dicha.

Son para bailar, para
emborracharse o estar
sobriamente callado.

Las noches son para
escuchar la lluvia, para
leer un poema o
intentar escribirlo.

Son para besar en voz
baja, para
abrazar a oscuras o
lamentar que se duerme solo.

Las noches son para
desear que nunca acaben,
para dormir a pierna suelta
o ansiar que llegue el día.

Las noches, las profundas
noches, son para
morir de belleza evocándote.

Por una mirada

Vista cansada.
Vista al frente.

Una mirada perdida.
Una visión diferente.

Por una mirada un mundo.
Un haz lo que vieres.

Si me miras me muero.
Un morirme por verte.

Ejercicio de orientación

Por fin, una ventana
abierta.
Me ahogaba en este aire
de tormenta inacabada.

Por fin unos dedos
en mi pecho dibujando
un mapa desconocido.

Por fin, una quietud que no
aterra;
una puerta que no retumba
con la despedida,
sino que se cierra
suavemente para no
despertarme.

Respuestas

Porque me gusta pensar en
el mar antes de dormirme.

Porque siempre sueño con el
desierto.

Porque cada vez me parezco más
a mis padres.

Porque hay olores que me
recuerdan a mi abuelo.

Porque soy el inquilino
de mi gato.

Porque el desamparo sabe
a café.

Porque Dios no existe, pero
sí el cielo.

Porque solo podría haberte
conocido en otoño.

Porque te quiero.

Duermes

Duermes.

Y mientras me aferro
a tu boca,
entreabierto remanso
de pudor y lejanía,
me dejo llevar por el
inmediato rumor
de olas que te mece.

Duermes.

Los párpados plegados
como velas quietas
navegando lentamente
hacia ti misma.

Incluso cerrados
hipnotizan tus ojos.

Duermes.

Y cuando despiertes, ya
desplegada tu alegría,
seré un náufrago
en la playa tranquila de tu vientre.

Reposo

Vienes del otro lado de los astros,
de la cara oculta de la sal,
del recodo amarillo de la memoria.

Traes la llave perdida,
la humeante taza,
la falda cosida con pasos de baile.

Llevas navegando jornadas de azufre y lava,
días de bloques de hielo a la deriva.

Descansa en este lecho de matorrales mudos,
en este quebrarse de raíces sin tierra.

Y algún día, si quieres, al anochecer,
en esta tímida lealtad de perro callejero.

Más allá de la nada

Te has despertado, vuelve
a ser de día,
un abrazo inaugurando
nuestros cuerpos,
soltando nuestras riendas.

Tengo tu respiración
entre mis brazos, lento
vaivén de espumas lamiendo
las rocas.

Volvemos a dormir,
no hay prisa,
no hay mundo,
quizá un vecino con su
perro por las escaleras,
cucharillas y persianas
desperezándose desde
el principio de un domingo doméstico.

Volver a soñar, tal vez
vivir,
con tus besos llevándome
más allá de la nada.

Canción de ventanas abiertas

El arado de tu boca
abre surcos en mi pecho.
Simiente de una canción
de ventanas abiertas.
Espejos sin niebla
en el campo inabarcable
que me dejas cada mañana.

No tengo brazos para
recoger tanta cosecha.

Viniste para quedarte,
para ser árbol, para
ser huerto,
para derramar tu
mediodía en lo que queda
de mis noches.

Aquí siembras. Aquí siegas.
Aquí hieres. Aquí sanas.
Aquí cantas. Aquí vuelas.

Fuera de ti

Despertar de amapolas
en los pies y el sol llevándote
de la mano por caminos
de tierra.

Inocente te busco,
solo tu sombra me puede
dar refugio.

Fuera de ti todo es
escarcha,
todo es hambre y pozos sin
agua.

Quiero perderme
en el desorden oscuro
de tu pelo a la hora
de la siesta.

Proclamo tu ser

Dibujo círculos en el agua
y olvido la forma
del pasado.
Trazo líneas en el aire
buscando la intersección
perfecta entre el silencio
y una partícula de polvo.

Proclamo tu ser
balanceándose en el murmullo
de una mariposa,
ascendiendo en una nube
sin forma de nube,
descendiendo por la cicatriz vertical
de un relámpago,
traspasando mi casa
sin salida de emergencia.

Así
hasta lo escrito,
hasta el susurro,
hasta el cielo,
hasta el trueno,
hasta mi cáliz.
Hasta ti.

Destino

Todos los jardines me
llevan a ti y todas las
flores a tu boca.

Siempre serás aunque me
duelas un pétalo en
mis labios nunca espina.

Capitulación

He querido odiarte, pero
no sé odiar.
Sé blasfemar
y patalear como un niño.

Y cuando he intentado
odiarte me he sentido
tan solo que he estado
a punto de quererte

otra vez.

Tu voz vestida de ti

A mi voz le pesa la armadura
abollada de los días.
Apenas se sostiene sobre
el quejido inaudible del final
de la jornada.

Sin embargo tu voz es capaz
de ahuyentar la niebla,
de darle forma al barro,
de iluminar los rincones
más huraños del invierno.

Tu voz es canto,
tu voz es risa.

El terapéutico ronroneo
de un gato,
una sonata para piano
y cuerda,
la desobediencia del agua corriendo
libre.

Tu voz es trino
Tu voz eres tú.

La lentitud de las espigas
abrazándose,
la conversación de los árboles
en los días de viento,

la impaciencia de la lluvia
en los canalones.

Eso también
es tu voz.

Tu voz dignifica las consonantes,
amansa los idiomas más fieros.
Tu voz prende hogueras,
incendia palacios,
arrebata estandartes,
hechiza navíos.

La voz
de tu voz
en mi voz
es lo que
quiero.

La voz de tus cejas levantadas
el día de tu cumpleaños,
la voz nerviosa de tus manos
si no encuentras algo,
la voz de tus hombros cuando
desconoces la respuesta.

La voz de tu pelo sobre tu frente,
la de tus incrédulas pestañas,
la de tus pies siempre fríos.

La voz de tu jadeo,
la de tu corazón que no sabe de gritos.

Tu voz desnuda
de cerraduras.

Tu voz vestida
de ti.

Nada más.

Una caricia escrita

Escribir es estar solo.

Es dejarse llevar por la marea.
Es colmar el vacío de tinta.

Escribir es mirarte.
Es acariciarte.

Es dibujar tu recuerdo
tantas veces mudo.

Es dar tu aliento a mis palabras
y que respiren solas.

Tu nombre

I

Al decir tu nombre
me hice mar.

Nadé cuesta arriba hacia
la blancura implacable
de tu pecho,
ansiaba llegar a la orilla
de tu cuello,
de tu frente,
de tu dolor tan cansado
como el último trueno
después de un día
de tormenta.

Te llamaba y un océano
rebotaba en las paredes
dejando vacíos
de sal y naufragios
oxidados.

Varado en el silencio
acuático de su última
vocal ya no podía
decir tu nombre porque
era tu nombre
y era mar.

II

Camino llevado por tu
nombre y parece que
bailara.

Sé que lo sueño en voz
alta y que lo canto
al cruzar la calle.

Pondría tu nombre
a todas las cosas y todas
las cosas serían buenas.

ÍNDICE

EL DOLOR

TU NOMBRE

Este libro se terminó de editar en Granada
en septiembre de 2024 por

www.aversopoesia.com
hola@aversopoesia.com